AF460400

TARIF
DES DROITS DE L'ENTRÉE ET DESCENTE DES EPICERIES ET DROGUERIES.

FRANÇOIS I. à Compiegne en Octobre 1539. & à Annet en Juillet 1540. & à Paris en Fevrier 1541. HENRY II. à Amiens en Septembre 1549. CHARLES IX. à Paris en Janvier 1572.

A BORDEAUX,
De l'Imprimerie de la Veuve de J. DE LA COURT, Seul Imprimeur des Fermes & Droits du Roy.

M. DCC. XLII.

TARIF DES DROITS DE L'ENTRÉE ET DESCENTE DES EPICERIES ET DROGUERIES.

FRANÇOIS I. *à Compiegne en Octobre* 1539. *& à Annet en Juillet* 1540. *& à Paris en Fevrier* 1541. HENRY II. *à Amiens en Septembre* 1549. CHARLES IX. *à Paris en Janvier* 1572.

I.

DONNONS congé, licence & permiſſion à nos Sujets, enſemble à tous autres Marchands étrangers, n'étant Sujets de nos Ennemis, de pouvoir aller chercher toutes ſortes d'Epiceries & Drogueries, en telle quantité que bon leur ſemblera, és Pays, tant de Portugal, Levant, Italie, que tous autres où elles croiſſent &

ſont faites; & icelles faire conduire & amener, & décharger nôtre Royaume. C'eſt à ſçavoir toutes celles qui viendront par la Mer Oceane en nos Ports & Havres de Bordeaux, la Rochelle, & Roüen : celles qui viendront par la Mer Mediterranée en la Ville de Marſeille : & celles qui viendront par terre en la Ville de Lyon tant ſeulement, & non par ailleurs, qu'és lieux & endroits ſuſdits, en payant les droits pour ce dûs

I I.

Défendons à toutes perſonnes quelconques, ſoit regnicoles, ou étrangers, l'entrée, deſcente & diſtribution, & tout commerce & trafic dans nôtre Royaume, Pays & Seigneuries de nôtre obéïſſance, tant par mer que par terre, deſdites Epiceries & Drogueries, de quelque part qu'elles viennent, ſoit des parties de Levant, Ponant, ou d'ailleurs, ſi elles ne ſont abordées, deſcenduës & déchargées aux Villes, Ports & Havres ſuſd. non regratées & revenduës. Et ce ſur peine de confiſcation deſdites Epiceries, Drogueries, Denrées, & autres Marchandiſes, qui ſeront trouvées avec icelles; enſemble des Charettes, Chevaux Mulets, Navires, Batteaux, & autres Equipages, leſquelles déclarons à nous acquiſes & confiſquées : voulans les delinquans & contrevenans être punis de peine corporelle, comme infracteurs de nos Ordonnances.

III.

Défendons à tous Marchands, Facteurs, & Entremetteurs, ſoit nos ſujets, ou étrangers, & tous autres, qu'ils n'ayent (ſoit en temps de paix, ou de guerre) à acheter aucunes Epiceries, ni Drogueries, regrattées & revenduës, pour icelles amener & conduire en nôtre Royaume, par mer, ou par terre, directement ou indirectement, en quelque maniere que ce ſoit.

I V.

Leſdits Marchands & Conducteurs, faiſant deſcendre Epiceceries, & Drogueries, ès Villes, Ports, & Havres ſuſdits,

ſeront tenus faire certification de ladite deſcente, & des Pays où elles auront été chargées, & des noms des Marchands & Conducteurs.

V.

Avant que pouvoir vendre, debiter, ni aucunement diſtribuer leſdites Epiceries & Drogueries, ni tranſporter d'un lieu en autre, en nôtre Royaume, ordonnons ſur les peines que deſſus, que les caiſſes, ou autres équipages deſdites Epiceries & Drogueries, ſeront ſcellées & marquées, és Villes & lieux où elles ſeront deſcenduës, par nos Officiers à ce deputés.

VI.

Leſdits Marchands & Conducteurs deſdites Epiceries & Drogueries, avant qu'icelles faire décharger en aucuns des lieux ſuſdits, ſeront tenus de notifier & faire à ſçavoir l'arrivée d'icelles aux Receveurs & Controlleurs y établis, afin qu'ils connoiſſent & entendent la qualité & quantité deſdites Epiceries & Drogueries : & que ſi beſoin eſt, ils les faſſent peſer aux poids par Nous établis, ou autres, pour être payez entierement & ſans fraude, de noſdits droits de Gabelle, ſur peine de confiſquer & perdre tout ce qu'ils feroient autrement entrer & décharger, enſemble tous les navires, batteaux, chariots, charettes, mulets, & chevaux portans & conduiſans leſdites Epiceries & Drogueries, auſſi les Marchandiſes, de quelque qualité qu'elles ſoient, qui ſe trouveront mêlées parmi, ſi elles ſont ou appartiennent à celui auſquel leſdites Epiceries ou Drogueries appartiendront, ou à celui qui les fera voiturer & conduire, avec telle punition & amende contre leſdits Marchands, Facteurs, ou Conducteurs, que le cas requerra.

CHARLES IX. à Amboiſe, en Janvier 1572. article 4.

VII.

Ne ſe fera aucune deſcente en nôtre Royaume, commerce,

trafic, ni entrée desdites Epiceries & Drogueries, tant par mer que par terre, sinon és Ports & Havres des Villes de Marseille, Bordeaux, & la Rochelle, sur peine de confiscation desdites Marchandises qui seront entrées en autres lieux que les dessusdites, dont le tiers sera appliqué au Denonciateur.

VIII.

Ordonnons que nos droits de Gabelle sur lesdites Epiceries & Drogueries, seront levez & cueillis sous nôtre main, par les Receveurs & Controlleurs établis aux Villes, Ports & Havres susdits, chacun en son égard : c'est à sçavoir, sur les Poivres, Gingembres, Noix muscades, Canelles, Noasses, Cloux de Girofle, & bois de Girofle, de toutes sortes, deux écus pour quintal. Et sur toutes autres sortes d'Epiceries & Drogueries, à raison de quatre pour cent, du prix & valeur d'icelles, selon l'appreciation qui en a été faite pour nôtre droit d'imposition foraine.

IX.

Voulons tous lesdits Marchands, & autres qui seront tenus au payement d'iceux droits, y être contraints par toutes voyes accoûtumées en nos propres dettes. Et après avoir payé & acquitté nôtre droit de Gabelle à ladite entrée & descente, sans aucune fraude, par les quittances desdits Receveurs & Controlleurs, lesdits Marchands pourront vendre ou faire vendre, distribuer & débiter lesdites Epiceries ou Drogueries par tout, tant dedans, que dehors nôtre Royaume, franchement & quittement, sans nous payer aucuns droits, subsides, ni impositions quelconques : en montrant toutefois, & faisant apparoir de certification dûëment faite, & signée desdits Receveurs & Controlleurs, qu'ils auront payé & acquitté nôtredit droit de Gabelle, en l'un des lieux, Ports & Havres susdits.

X.

Pour éviter qu'en fraudant nos droits de Gabelle, les Marchands & Conducteurs desdites Epiceries & Drogueries, n'en dé-

bitent, diſtribuënt & tranſportent plus grande quantité qu'ils n'en auront payé & acquitté , ordonnons que leſdites certifications & quittances (que leſdits Receveurs & Controlleurs ſeront tenus de bailler auſdits Marchands & Conducteurs, en payant raiſonnablement) contiendront la qualité & quantité deſdites Epiceries & Drogueries, dont leſdits Marchands & Conducteurs auront payé leſdits droits, & le lieu auquel ils feront ledit payement, les lieux & endroits de nôtre Royaume, où ils les voudront faire tranſporter, ou hors nôtre Royaume, ſi en aucuns ils les veulent faire tranſporter.

XI.

A cette fin, ordonnons que leſdits Marchands ne pourront faire aucune diſtribution & tranſport deſdites Epiceries & Drogueries, tant en nôtre Royaume que hors icelui, que premierement ils n'ayent preſenté leſdites certifications à nos Officiers, faiſans leur réſidence ès lieux où ils les voudront vendre ou faire vendre, ou faire ſortir hors nôtredit Royaume, leſquelles certifications demeureront ès mains de noſdits Officiers, afin que leſd. Marchands & Conducteurs ne s'en puiſſent aider pour plus d'une fois, & ne ſeront valables ni recevables après un an de la date d'icelles.

XII.

A faute de faire apparoir deſdites certifications, avant que de faire ladite diſtribution & tranſport, voulons qu'il ſoit procedé à l'encontre deſdits Marchands & Conducteurs, tant en confiſcation des marchandiſes, que de punition deſdits Marchands & Conducteurs, ſi ce n'étoit que leſdites certifications euſſent été perduës ou adirées, auquel cas ils en avertiront noſdits Officiers, qui leur donneront temps legitime & compétent, égard à la diſtance des lieux pour en recouvrer d'autres, s'il eſt beſoin, par extrait des Regiſtres deſdits Receveurs & Controlleurs, ès mains deſquels ils auront payé & acquité iceux droits ; pendant lequel temps leſdites Epiceries & Drogueries demeureront ſaiſies & arrêtées ès mains de Justice ; & ledit temps passé, à faute d'y satisfaire, sera procedé à l'adjudication desdites confiscations & peines, sans aucun autre délai.

XIII.

Afin que les signatures de nosdits Receveurs & Controlleurs commis , ne soient falsifiées ou supposées par lesdits Marchands, ou autres qui s'en voudront aider, voulons qu'au bas desdites certifications , elles soient reconnuës & approuvées par Notaires, Tabellions, ou autres personnes publiques, qui certifieront en avoir bonne connoissance , & autrement ne seront lesdites certifications d'aucune valeur.

XIV.

Parce que durant la guerre se font plusieurs prinses, tant par mer que par terre, entre lesquelles se trouvent souvent aucunes sortes d'Epiceries & Drogueries, lesquelles ceux qui font lesd. prinses, portent & déchargent indifferemment au premier Havre, Port, ou lieu que bon leur semble, & illec les vendent & distribuënt à leur plaisir, au grand préjudice & diminution de nos droits de Gabelle, dont nous sommes par ce moyen frustrez, ordonnons que lesd. Epiceries & Drogueries, ainsi prinses durant la guere, ou autrement, soient de la même condition des autres, venant droit desdits Païs de Portugal, Levant, Italie & autres, voulant icelles être déchargées en l'un des lieux, Ports & Havres susdits, & payer nosdits droits de Gabelle comme les autres, sur les peines devant dites.

XV.

Avenant que par fortune de vent, impétuosité & tempête de mer, ou pourchasse & poursuite d'ennemis adversaires, lesdits Marchands, Facteurs, Mariniers, ou autres Conducteurs desdites Epiceries & Drogueries, fussent contraints par mer ou par terre, de les faire arriver en autres lieux, Villes, Ports & Havres, que les susdits où elles doivent être déchargées tant seulement, nous leur

leur défendons néanmoins de les faire décharger esdits autres lieux, sur les peines susdites: Si quelque temps après leurd. arrivée en iceux lieux, il leur est aucunement loisible, soit par changement de temps ou quiétude, & retraite desdits ennemis, de les pouvoir transporter en l'une des Villes, Ports & Havres ordonnez pour la descente desdites marchandises, pour y être payez & acquitez nosdits droits de Gabelle, ès mains de nos Receveurs.

XVI.

Et au cas que sûrement, & sans éminent peril ou danger desd. ennemis, qui ne peut être évité, il ne leur étoit possible de transporter lesdites Epiceries esdits lieux, Ports & Havres par Nous ordonnez: Et pour cette cause, ou autre legitime, & hors de toute suspicion, & fraude ou cautelle, ils seroient forcez de les faire décharger ailleurs qu'esdits lieux, & que de ce, ils eussent dûëment informé les Officiers résidens au lieu auquel ils seroient contraints de décharger lesdites Epiceries ou Drogueries, nôtre Procureur appellé: Voulons toutefois, sur les peines susdites, qu'avant qu'ils les puissent vendre, distribuer, débiter ou transporter, ils en fassent avertir ceux de nosdits Receveurs & Controlleurs, és mains desquels ils devront payer nosdits droits de Gabelle, afin qu'ils se transportent ou envoyent pardevers eux, recouvrer iceux droits sur lesdites Epiceries & Drogueries, lesquelles cependant seront mises en bonne & sûre garde, le tout aux dépens desdits Marchands, lesquels voulons être contraints par les Juges & Officiers des lieux sur ce requis, à payer les frais du voyage de nosdits Receveurs & Controlleurs ou leurs Commis, suivant la taxe qui leur en sera faite par lesdits Juges (que de ce faire Nous avons autorisez) tant pour aller, sejourner que retourner, eu égard à la distance desdits lieux, qualitez des personnes, si ce n'étoit que lesd. Receveurs & Controlleurs eussent aucuns Commis esdits lieux, qui pûssent à ce satisfaire; auquel caſ leſdits Marchands ne payeront que le port & voiture de noſd. droits, juſqu'au lieu où ils devront faire le payement. Et pour cet effet permettons auſdits Receveurs & Controlleurs d'avoir des Commis en tous lieux qu'ils aviſeront, à leurs perils & fortunes.

XVII.

Aprés les payemens faits de noſdits droits, és mains deſdits Receveurs ou leurs Commis, pourront les Marchands faire vendre & debiter leſd. Epiceries ou Drogueries où bon leur ſemblera.

XVIII.

Pour faire ceſſer, s'il eſt poſſible, toutes tromperies, tranſgreſſions, fautes & abus, cautelles & malverſations que peuvent faire & commettre leſdits Marchands, Facteurs, Entremetteurs, Conducteurs & tous autres, ſur le fait deſdites Epiceries & Drogueries, au préjudice & diminution de noſdits droits de Gabelle; & pour mieux les éclaircir & faire connoître, Voulons que leſd. Receveurs & Controlleurs de noſdits droits de Gabelle, établis eſdites Villes, Ports & Havres ſuſdits, ou leurſd. Commis, dûëment autoriſez par eux, puiſſent & leur ſoit loiſible, en tous lieux & endroits de nôtre Royaume, toutes fois & quantes qu'ils trouveront ou recouvreront (ſoit par recherche ou cas fortuit) aucunes denrées ou marchandiſes, quelles qu'elles ſoient, deſcenduës en places, greniers, ſalles, ballets, celliers, magaſins, granges, ou maiſons, ou portées ou conduites ſur navires, bateaux, chariots, charettes & mulets, empaquetées & emballées en balles, caiſſes, paquets, fardeaux, tonneaux ou autres équipages, deſorte que l'on n'en puiſſe clairement connoître la qualité: faire jurer & affirmer par ſerment ſolemnel, leſdits Marchands, Facteurs, Entremetteurs & autres Gardes ou Conducteurs d'icelles, s'il y a, aucunes Epiceries ou Drogueries dedans leſdites caiſſes, balles, paquets & fardeaux, contre la teneur de nos Ordonnances, ou deſquelles noſdits droits de Gabelle n'ayent été payez ou acquittez.

XIX.

Et aprés ledit ferment fait, pourront lefdits Receveurs, Controlleurs ou leurfdits Commis, fi bon leur femble, à leurs perils & fortunes, faire faire ouverture & vifitation de cinq ou fix defd. caiffes, balles, paquets, tonneaux, fardeaux & autres vaiffeaux, afin que fi contre ladite affirmation, fe trouvoient aucunes defd. fortes d'Epiceries ou Drogueries, ils les faififfent & arrêtent, pour être procedé contr'eux, tant par confifcation que punition corporelle & amendes. Et où ils confefferont librement aucunes defdites Epiceries ou Drogueries, être mêlées ou cachées parmi lefdites marchandifes, il fera feulement procedé à la faifie & confifcation d'icelles Epiceries ou Drogueries. A quoi voulons tous Maîtres des Ports ou leurs Lieutenans, vaquer & entendre diligemment, & à la plus grande brieveté & fincerité de Juftice, que faire fe pourra, fur peine de Nous en répondre en leurs propres & privez noms; enjoignant aufdits Marchands, Facteurs, Entremetteurs, Gardes & Conducteurs d'y obéïr, fur peine d'être punis comme rebelles & défobéïffans.

XX.

Afin qu'encore plus clairement & appertement on puiffe découvrir & reconnoître les tromperies, fraudes & abus qui fe commettent fur le recelement defdites Epiceries & Drogueries, & défraudation de nos droits, voulons que toutes perfonnes quelconques foient reçûës à en faire dénonciation, fans aucune fraude toutefois, pardevant les Maîtres des Ports ou leurs Lieutenans, par lefquels fera procedé, avec toute diligence, contre les delinquans, par lefdites peines de confifcation, punition & amendes; pour lefquelles amendes, les condamnez tiendront prifon jufqu'à fin de payement.

XXI.

A ce que nôtre profit foit mieux gardé aufdites confifcations & amendes; voulons que toutes lefdites Epiceries, Drogueries,

Marchandiſes, & autres choſes qui Nous pourront être adjugées à ladite dénonciation, ſoient incontinent, aprés icelle dénonciation (s'il y a apparence par preuve ou préſomption vehemente) ſaiſies & arrêtées en nôtre main, & baillées en garde à gens reſſeans & ſolvables, juſqu'à ce que la condamnation ou abſolution en ait été faite, aprés laquelle ſeront, s'il ſe trouve ladite ſ[illegible]e avoir été mal faite, incontinent renduës à iceux Marchands; oubien au contraire, s'il ſe trouve icelle avoir été dûëment faite, venduës au plus offrant & dernier encheriſſeur à nôtre profit, à jours de marché, ou à ſon de trompe & cri public, ainſi qu'il eſt accoûtumé és lieux où leſdites condamnations ſeront faites, ſans qu'aucune main-levée ou delivrance à caution deſdites choſes arrêtées, ſoit baillée avant leſdites ſentences & condamnations, ſur peine de privation d'Offices à noſdits Officiers qui feront le contraire.

XXII.

Afin que leſdits Receveurs, Controlleurs & leurſdits Commis, & tous autres quelconques, ſoient plus enclins & curieux d'avoir l'œil, & prendre garde aux tranſgreſſions & défraudations de noſdits droits de Gabelle, voulons que la quarte partie franche deſdites confiſcations & amendes, ſoit adjugée entierement à celui ou ceux, à la dénonciation, pourſuite & diligence deſquels, dûëment prouvée & verifiée, leſdites confiſcations & amendes Nous auront été adjugées; & en rapportant par leſdits Receveurs qui recevront leſdites confiſcations & amendes, le Dictum des Sentences deſdits Officiers, par leſquelles ils auront adjugé lad. quarte partie franche auſdits Denonciateurs, avec les quittances d'iceux Denonciateurs, ſur ce ſuffiſantes tant ſeulement, voulons leſdits Receveurs être tenus quittes & déchargez en leurs comptes de ladite quarte partie.

XXIII.

Voulons tous les deniers qui proviendront deſd. confiſcations

& amendes, à l'occasion dessusdite, être mis & delivrez entierement és mains desdits Receveurs de nosdits droits de Gabelle, ou par leurs quittances controllées par lesd. Controlleurs ou leursd. Commis és lieux & endroits où lesdits Receveurs & Controlleurs seront ou y auront Commis dûëment autorisez; ou en leur absence, és mains de nos Receveurs qui seront à main & à propos, lesquels toutefois envoyeront iceux deniers incontinent aprés, & dedans un mois pour le plus tard, sur peine du quadruple, és mains de celui desdits Receveurs de nôtredite Gabelle desdites Epiceries & Drogueries ainsi confisquées, doivent être payez & acquittez, ou qui sera le plus prochain du lieu où sera faite ladite adjudication; pour le port & voiture desquels deniers, voulons leur être fait taxes raisonnables par lesdits Juges, sur les deniers desd. confiscations, ausquels Nous donnons pouvoir de ce faire.

XXIV.

Voulons que lesdits Officiers appellent avec eux lesdits Receveurs & Controlleurs, ou leursdits Commis dûëment autorisez, quand ils seront ou se trouveront és lieux où les Procez desd. abus & malversations seront mûs & intentez, afin d'être & assister, tant à l'instruction qu'au jugement desdits Procez, où Nous voulons qu'ils ayent voix & opinion, & mêmement à la vente & delivrance des choses qui Nous seront adjugées par confiscation, pour avoir l'œil & tenir la main à la conservation de nosdits droits. Et là où lesdits Receveurs & Controlleurs ou leursdits Commis, ne pourroient ou ne voudroient y assister, lesdits Juges ne laisseront de passer outre, aprés toutefois les avoir dûëment appellez, car autrement ne voulons leurs Sentences & Jugemens avoir aucun effet ou valeur.

XXV.

Pour obvier que les amendes & confiscations ne soient égarées aprés l'adjudication qui Nous en sera faite, voulons que nosdits Officiers, respectivement, envoyent, le plûtôt que faire se pourra, & de quartier en quartier pour le moins, un rolle ou certification ſigné de leurs mains ou de leur Greffier, deſdites amendes & confiſcations, qui par eux Nous auront été adjugées, à l'occaſion ſuſdite (ſi aucunes en y a) pardevers les gens de nos Finances, pour en faire par eux état, comme des autres deniers de noſdits droits, & ce ſur peine de Nous en prendre à noſdits Officiers, en leurs propres & privez noms. Et pour ce faire, leur permettons faire taxe, ſi beſoin eſt, à celui ou ceux qu'ils envoyeront porter leſdits rolles ou certifications, ſur ladite quarte partie deſdites confiſcations & amendes, qui ſera adjugée auſdits Denonciateurs.

XXVI.

Afin que puiſſions Nous aider en nos affaires des deniers provenans de noſdits droits de Gabelle, & deſd. confiſcations & amendes, comme des autres deniers de nôtre revenu, tant ordinaire qu'extraordinaire, voulons que leſdits Receveurs pour ce établis eſdites Villes, Ports & Havres, envoyent & mettent és mains de nos Receveurs Generaux, reſpectivement, quinze jours aprés chaque quartier échû, tous les deniers qu'ils auront reçûs, tant deſdits droits de Gabelle que deſdites confiſcations & amendes, ſur ce déduits & rabatus les gages ordonnez à eux & aux Controlleurs, qui ſont de dix deniers pour livre pour leſdits Receveurs, & de ſix deniers auſſi pour livre pour leſdits Controlleurs; enſemble la quarte partie deſdites confiſcations & amendes adjugées aux Denonciateurs, & autres charges qui pourront être ſur ce ordonnées, tant par leſd Juges, pour le port des deniers deſd. confiſcations, que par les états qui en ſeront faits par chacun an par les Tréſoriers Generaux de nos Finances.

XXVII.

Et où il adviendroit que par le moyen, faute, ſupport, conſentement, diſſimulation, ou faveur de noſdits Officiers & autres (qui pour le devoir de leurs charges, doivent avoir l'œil au bien

de Nous & du Public, & tenir la main à la correction des abus & malversations qui se peuvent commettre au contraire) nous fussions frustrez & défraudez de nosdits droits de Gabelle, confiscations & amendes susdites en aucune maniere, voulons que lesdits Receveurs & Controlleurs de nosdits droits, ou leurs Commis, si-tôt qu'il viendra à leur connoissance, en puissent faire informer; pour les informations envoyées, closes & scellées pardevers Nous, en nôtre Privé Conseil, être sur icelles ordonné ce qu'il appartiendra.

XXVIII.

Parce qu'aucuns Particuliers & Communautez des Villes prétendent être exempts & affranchis du payement de nosdits droits de Gabelle, ordonnons que lesdits privileges & exemptions prétendus par lesd. Villes & Particuliers (dont pour ce regard Nous suspendons l'effet) ne puissent aucunement empêcher l'entiere execution de nôtre Ordonnance, & perception de nosd. droits, sauf ausdits Particuliers & Communautez des Villes de se pourvoir pardevant les Juges des lieux en premiere instance, ausquels ils seront tenus exhiber & faire apparoir de leurs Privileges. Et s'il y a appel, voulons icelui être relevé en nôtre Grand Conseil, auquel, privativement à tous autres, attribuons la connoissance desdits prétendus Privileges, circonstances & dépendances, par appel & en dernier ressort; ensemble, des causes & procez qui en pourront survenir contre nosdits Officiers, dont Nous voulons la protection & défense être prinse par nôtre Procureur aud. Grand Conseil.

XXIX.

D'autant que pour l'execution de nôtre Ordonnance, & perception de nosdits droits de Gabelle, & obvier aux fraudes & malversations qui se peuvent commettre au contraire, lesdits Receveurs, Controlleurs ou leursdits Commis, auront besoin de l'assistance, faveur, support, aide & secours de plusieurs personnes

& Officiers, voulons qu'ils se puissent aider, tant de ceux qui seront ordonnez pour nôtre imposition foraine, que tous autres établis pour nos Gabelles, enjoignant à tous lesdits Officiers, tant Gardes, Peseurs qu'autres, que à toutes heures qu'il sera besoin pour nôtre service, & que par lesdits Receveurs & Controlleurs, ou leursdits Commis, ils en seront requis, ils ayent à leur obeïr & entendre, sans aucun contredit, & faire toutes choses necessaires pour nôtredit service & nosd. drôits, sur peine de privation de leurs Offices, sans pour ce prétendre autres gages & droits que ceux qui leur sont ordonnez.

XXX.

Voulons lesdits Receveurs & Controlleurs ou leurs Commis, avoir lieu à part & separé pour la perception de nosdits droits, & execution de nos Ordonnances, és Bureaux établis pour ladite imposition foraine.

XXXI.

Pour obvier aux fraudes que pourroient faire lesd. Marchands, lesquels par moyens exquis cherchent faire passer leursd. denrées & marchandises, sans acquitter nosdits droits, seront lesd. Commis & Deputez tenus plomber de seel ou marque, icelles marchandises qu'ils auront acquittées, avant que permettre icelles être transportées hors lesdits lieux à ce ordonnez; à sçavoir, caisses, balles, tonneaux, coffres, fardeaux, & autres charges dessusdites, à ce qu'iceux Marchands & Conducteurs n'ayent moyen ne faculté de mettre en icelle charge aucune chose davantage, outre ce qui sera contenu en leursdites lettres d'acquit, & par ce moyen sera obvié à ce qu'iceux Gardes ne puissent esdites extrêmitez être donné aucun empêchement ausdits Marchands & Conducteurs, sous ombre qu'iceux Marchands & Conducteurs, depuis avoir acquitté leursdites marchandises, pourroient avoir ajoûté quelque chose.

FRANÇOIS II.

FRANÇOIS II. à Blois en Decembre 1559. article 5.

XXXII.

Nos droits & devoirs payez & acquittez par ceux qui entreront & apporteront lesdites Epiceries & Drogueries en ce Royaume, il leur sera loisible vendre, debiter, troquer, échanger, transporter hors de cedit Royaume, si bon leur semble, icelles Epiceries & Drogueries, dont ils auront payé les droits, pour en accommoder les étrangers & voisins.

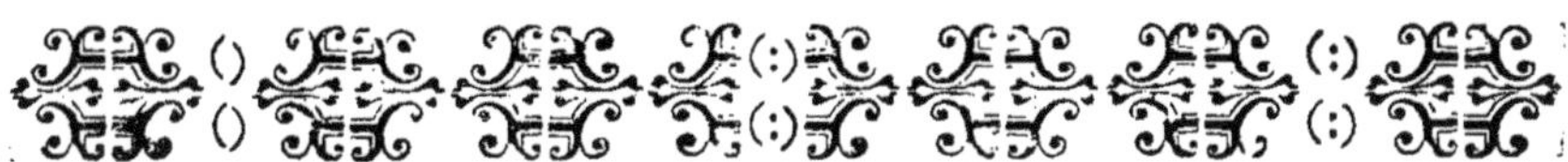

APRECIATION & estimation de la valeur des Epiceries & Drogueries arrivans en France, selon les prix contenus, tant en l'Edit fait par le Roy au mois de May 1581. Declaration sur ce ensuivie le 10. de Novembre ensuivant, qu'en l'état & rolle du quatriéme jour d'Août 1582. sur la réapreciation d'aucunes marchandises obmises à taxer par le susdit Edit; suivant lesquelles estimations les droits dûs à sadite Majesté à cause de l'entrée, se doivent lever & cueillir sur toutes les sortes desdites marchandises, à raison de quatre pour cent du prix & valeur d'icelles, fors & reservé sur les Cochenilles, Poivres, Muscades, Macis, Canelles, Noüasses & Clou de Girofle, dont le payement dudit droit d'entrée est taxé pour chacun quintal ou cent pesant, ainsi qu'il sera dit ci-aprés: Toutes lesquelles susdites marchandises en general sont ci nommées & declarées selon l'ordre de l'Alphabet, pour avoir plus facile connoissance de ce qui est dû à cause de l'entrée d'icelles.

PREMIEREMENT.

A.

AMENDES, la livre estimée à un sol six deniers, qui seroit pour le droit d'entrée de chacun cent pesant six sols tournois, cy . . . . 6 s.

Anacardes, la livre eſtimée à cinq ſols tournois, qui ſeroit pour le droit d'entrée de chacun cent peſant vingt ſols tournois, cy . . . . 1 l.

Avelaines, la livre eſtimée à deux ſols tournois, qui ſeroit pour le droit d'entrée de chacun cent peſant huit ſols, cy . . . . 8 ſ.

Agaric, la livre eſtimée à ſix ſols tournois, qui ſeroit pour le droit d'entrée de chacun cent peſant vingt-quatre ſols, cy . . . . 1 l. 4 ſ.

Ambre gris, la livre eſtimée à trois cens livres tournois, qui ſeroit pour le droit d'entrée de chacun cent peſant douze cens livres, cy . . . . 1200 l.

Arſenic, la livre eſtimée à quatre ſols tournois, qui ſeroit pour le droit d'entrée de chacun cent peſant ſeize ſols, cy . . . . 16 ſ.

Alun en roche, la livre eſtimée à trois ſols tournois, qui ſeroit pour le droit d'entrée de chacun cent peſant douze ſols, cy . . . . 12 ſ.

Aloës ſuccotrin & autre, la livre eſtimée à quinze ſols tournois, qui ſeroit pour le droit d'entrée de chacun cent peſant ſoixante ſols, cy . . . . . 3 l.

Aſarum, la livre eſtimée à quatre ſols tournois, qui ſeroit pour le droit d'entrée de chacun cent peſant ſeize ſols, cy . . . . 16 ſ.

Acacia, la livre eſtimée à quatre ſols tournois, qui ſeroit pour le droit d'entrée de chacun cent peſant ſeize ſols, cy . . . . 16 ſ.

Amidon, la livre eſtimée à un ſol tournois, qui ſeroit pour le droit d'entrée de chacun cent peſant quatre ſols, cy . . . . 4 ſ.

Azur d'émail aſſorti, l'un portant l'autre, la livre eſtimée à ſept ſols ſix deniers tournois, qui ſe-

roit pour le droit d'entrée de chacun cent pesant dix livres, cy . . . . 10 l.

Aspalathum, la livre estimée à dix sols tournois, qui seroit pour le droit d'entrée de chacun cent pesant quarante sols, cy . . . . 2 l.

Assa-fœtida, la livre estimée à quinze sols tournois, qui seroit pour le droit d'entrée de chacun cent pesant soixante sols, cy . . . . 3 l.

Ambre ou Carabe, la livre estimée à cinq sols tournois, qui seroit pour le droit d'entrée de chacun cent pesant vingt sols, cy . . . . 1 l.

Agnus-Castus, la livre estimée à six sols tournois, qui seroit pour le droit d'entrée de chacun cent pesant vingt-quatre sols, cy . . . . 1 l. 4 s.

Anis verd, la livre estimée à deux sols tournois, qui seroit pour le droit d'entrée de chacun cent pesant huit sols, cy . . . . 8 s.

Arançon, la livre, voyez Poix blanche ou noire.

Antimonium, la livre estimée à trois sols tournois, qui seroit pour le droit d'entrée de chacun cent pesant douze sols, cy . . . . 12 s.

Alun de plume, la livre estimée à trois sols tournois, qui seroit pour le droit d'entrée de chacun cent pesant douze sols, cy . . . . 12 s.

Angelica, la livre estimée à quatre sols tournois, qui seroit pour le droit d'entrée de chacun cent pesant seize sols, cy . . . . 16 s.

Anil ou Inde fin de Barbarie, la livre estimée à sept sols six deniers tournois, qui seroit pour le droit d'entrée de chacun cent pesant trente sols, cy . . 1 l. 10 s.

Anil ou Inde fin de Portugal, Venise ou d'ailleurs, la livre estimée à quinze sols tournois, qui seroit

pour le droit d'entrée de chacun cent pesant soixante sols, cy	3 l.	
Æs-Ustum, la livre estimée à six sols tournois, qui seroit pour le droit d'entrée de chacun cent pesant vingt-quatre sols, cy	1 l.	4 s.
Azur fin, la livre estimée à cinquante sols, qui seroit pour le droit d'entrée de chacun cent pesant dix livres, cy	10 l.	

Reapréciation de 1632. pour les Marchandises non comprises au susdit de 1582.

A.

ALoës cytrin, le cent pesant, ci-devant taxé soixante sols, payera huit livres, cy	8 l.	
Aloës chicotin & autres, le cent pesant, ci-devant taxé trois livres, payera trois livres dix sols, cy	3 l.	10 s.
Aloës lignum fin, le cent pesant, ci-devant taxé seize livres, payera seize livres, cy	16 l.	
Alun de glace, Alun en roche, Alun de plume, Alun gras, Alun blanc & rouge, & de toutes sortes, l'un portant l'autre, le cent pesant, ci-devant taxé douze sols, payera douze sols, cy ...		12 s.
Amatiste, le cent pesant, ci-devant taxé trois livres, payera trois livres cinq sols, cy	3 l.	5 s.
Ambre jaune, le cent pesant, ci devant taxé trente sols, payera quarante sols, cy	2 l.	
Ambre en roche, le cent pesant, ci-devant taxé vingt sols, payera vingt-cinq sols, cy	1 l.	5 s.
Anis en graine, le cent pesant, ci-devant taxé qua-		

tre ſols, payera huit ſols, cy . . . . 8 ſ.

Antimoine preparé, le cent peſant, ci-devant taxé cinquante ſols, payera cinquante-cinq ſols, cy . 2 l. 15 ſ.

Antoffle de girofle, le cent peſant, ci-devant taxé trois livres, payera quatre livres dix ſols, cy . . 4 l. 10 ſ.

Autre, le cent peſant, taxé quarante ſols, payera quarante-cinq ſols, cy . . . . 2 l. 5 ſ.

Appios fin, le cent peſant, ci-devant taxé douze livres, payera douze livres dix ſols, cy . . . . . . 12 l. 10 ſ.

Arcanete, le cent peſant, ci devant taxé douze ſols, payera quinze ſols, cy . . . . 15 ſ.

Arſenic, le cent peſant, ci-devant taxé ſeize ſols, payera vingt ſols, cy . . . . 1 l.

Ariſtoloche, le cent peſant, ci-devant taxé huit ſols, payera dix ſols, cy . . . . 10 ſ.

Affetimon, le cent peſant, ci-devant taxé vingt ſols, payera vingt-huit ſols, cy . . . . 1 l. 8 ſ.

Aſphaltum, le cent peſant, ci-devant taxé trois livres, payera trois livres cinq ſols, cy . . . . . . 3 l. 5 ſ.

Aſpini ou eſpine à Angeliers, le cent peſant, ci-devant taxé ſeize ſols, payera vingt ſols, cy . . . . 1 l.

Azerbes, le cent peſant, ci-devant taxé quatre livres, payera quatre livres, cy . . . . 4 l.

Azur gros & commun, le cent peſant, ci-devant taxé quarante ſols, payera quarante-cinq ſols, cy . 2 l. 5 ſ.

Azur fin, le cent peſant, ci-devant taxé dix livres, payera vingt livres, cy . . . . 20 l.

Azur d'émail, aſſorti l'un portant l'autre, ci-devant taxé trente ſols, payera quarante ſols, cy . . . . 2 l.

Amomy veron, la livre, ci-devant taxée ſept livres, à preſent moderée à ſix livres, cy . . . . 6 l.

Aloës moyen, le cent peſant, ci-devant taxé quarante ſols, payera quarante-cinq ſols, cy . . . 2 l. 5 ſ.

B.

BLANC de Plomb, la livre eſtimée à deux ſols, qui ſeroit pour le droit d'entrée de chacun cent peſant huit ſols, cy . . . . 8 ſ.

Ben blanc & rouge, la livre eſtimée à trois ſols tournois, qui ſeroit pour le droit d'entrée de chacun cent peſant douze ſols, cy . . . . 12 ſ.

Bol-Armene, la livre eſtimée à dix deniers tournois, qui ſeroit pour le droit d'entrée de chacun cent peſant trois ſols quatre deniers, cy . . . . 3 ſ. 4 d.

Bedelium, la livre eſtimée à vingt-cinq ſols, qui ſeroit pour le droit d'entrée de chacun cent peſant cent ſols, cy . . . . 5 l.

Benjoin fin, la livre eſtimée à vingt-cinq ſols tournois, qui ſeroit pour le droit d'entrée de chacun cent peſant cent ſols, cy . . . . 5 l.

Benjoin gros, la livre eſtimée à deux ſols tournois, qui ſeroit pour le droit d'entrée de chacun cent peſant huit ſols, cy . . . . 8 ſ.

Barbotine, autrement Semen-contra, ou Semencine, la livre eſtimée à ſoixante ſols tournois, qui ſeroit pour le droit d'entrée de chacun cent peſant douze livres, cy . . . . 12 l.

Bois de Chine fin, la livre eſtimée à trente ſols tournois, qui ſeroit pour le droit d'entrée de chacun cent peſant ſix livres, cy . . . . 6 l.

Bray, la livre eſtimée à quatre deniers tournois, qui ſeroit à ladite raiſon de chacun leth, contenant douze barils, vingt ſols tournois pour chacun leth, cy . . . . 1 l.

Balauſtes en fleur, la livre eſtimée à un ſol tournois, qui ſeroit pour le droit d'entrée de chacun cent peſant quatre ſols, cy		4 ſ.
Bois d'ébene, la livre eſtimée à un ſol tournois, qui ſeroit pour le droit d'entrée de chacun cent peſant quatre ſols, cy		4 ſ.
Bois rouge & roſat, la livre eſtimée à un ſol, qui ſeroit pour le droit d'entrée de chacun cent peſant quatre ſols, cy		4 ſ.
Bayes de laurier, la livre eſtimée à un ſol tournois, qui ſeroit pour le droit d'entrée de chacun cent peſant quatre ſols, cy		4 ſ.
Bezouard du Ponant, le cent peſant, ci-devant taxé ſept cens livres, & à preſent moderé à ſix cens livres, cy	600 l.	
Bezouard du Levant, la livre eſtimée ci-devant douze livres, moderée à preſent à ſix livres, cy . .	6 l.	
Bois de Gayac, le cent peſant, ci-devant taxé quatre ſols, payera à preſent ſix ſols, cy		6 ſ.
Bois d'Inde, le cent peſant, ci-devant taxé quatre ſols, payera quatre ſols, cy		4 ſ.
Bois d'Aloës, le cent peſant, ci-devant taxé quarante ſols, payera quarante-cinq ſols, cy . . .	2 l.	5 ſ.
Bois de Burſin, le cent peſant, taxé dix ſols, payera douze ſols, cy		12 ſ.
Bois de Chive fin, le cent peſant, taxé ci-devant à ſix livres, payera ſix livres, cy	6 l.	
Bois Larminy, le cent peſant, ci-devant taxé quatre ſols quatre deniers, payera dix ſols, cy		10 ſ.
Boivras, le cent peſant, ci-devant taxé huit livres, payera huit livres cinq ſols, cy	8 l.	5 ſ.
Bol fin du Levant, le cent peſant, ci-devant taxé		

quarante sols, payera quarante-cinq sols, cy . . . 2 l. 5 s.

Borax, l'un portant l'autre, le cent pesant, ci-devant taxé quatre livres dix sols, payera quatre livres quinze sols, cy . . . . 4 l. 15 s.

Bran rouge, le cent pesant payera huit sols, cy . . . 8 s.

Bol Arminy, le cent pesant payera quatre sols, cy . 4 s.

Baume, le cent pesant payera dix livres, cy . . . . 10 l.

Bigeon de Venise, voyez Terebenthine.

C.

CLOU de Girofle, Chapelets, ou Bois de Girofle, qui par le susdit Edit du mois de May mil cinq cens quatre-vingt, avoient été estimez à la livre, pour sur ce en lever les droits de quatre pour cent, ont depuis, par la susdite Declaration du dixiéme Novembre ensuivant, été taxez, le quintal ou cent pesant à trois écus un tiers, pour le payement dudit droit d'entrée, pour chacun cent pesant dix livres, cy . . . . 10 l.

Canelles ou Cinamomes ont été, comme l'article precedent par la susdite Declaration, taxez, le quintal ou cent pesant à trois écus un tiers, pour le payement dudit droit d'entrée, pour chacun cent pesant dix livres, cy . . . . 10 l.

Cochenille, qui par le susdit Edit avoit été semblablement estimée à la livre, a été par la susd. Declaration taxée, le quintal ou cent pesant à quatre écus sol, pour le payement dudit droit d'entrée, pour chacun cent pesant, douze livres, cy 12 l.

Colombin grosset & menu, voyez Gingembre.

Confitures de toutes sortes, la livre estimée à dix

sols

ſols tournois, qui ſeroit pour le droit d'entrée de chacun cent peſant quarante ſols, cy . . . . . 2 l.

Caſſe ou Caſſia fiſtula, la livre eſtimée à quatre ſols, qui ſeroit pour le droit d'entrée de chacun cent peſant ſeize ſols, cy . . . . 16 ſ.

Caſſonade, autrement Succre rompu ou en morceaux, voyez ci-aprés Succre de toutes ſortes.

Capres menuës, la livre eſtimée à trois ſols tournois, qui ſeroit pour le droit d'entrée de chacun cent peſant douze ſols, cy . . . . 12 ſ.

Capres groſſes, la livre eſtimée à un ſol ſix deniers tournois, qui ſeroit pour le droit d'entrée de chacun cent peſant ſix ſols, cy . . . . 6 ſ.

Cire vierge & neuve, la livre eſtimée à huit ſols tournois, qui ſeroit pour le droit d'entrée de chacun cent peſant trente-deux ſols, cy . . . . . 1 l. 12 ſ.

Cire blanche, la livre eſtimée à dix ſols tournois, qui ſeroit pour le droit d'entrée de chacun cent peſant quarante ſols, cy . . . . 2 l.

Coloquinte, la livre eſtimée à cinq ſols tournois, qui ſeroit pour le droit d'entrée de chacun cent peſant vingt-quatre ſols, cy . . . . 1 l. 4 ſ.

Civette, la livre eſtimée à ſept vingt dix livres tournois, qui ſeroit pour le droit d'entrée de chacun cent peſant ſix cens livres, cy . . . . 600 l.

Corne de Licorne, la livre eſtimée à cinquante livres tournois, qui ſeroit pour le droit d'entrée de chacun cent peſant deux cens livres, cy . . . . 200 l.

Corail blanc & rouge fin, la livre eſtimée à quarante ſols tournois, qui ſeroit pour le droit d'entrée de chacun cent peſant huit livres, cy . . . . . . 8 l.

Corail blanc & rouge gros, la livre eſtimée à dix

ſols tournois, qui ſeroit pour le droit d'entrée de chacun cent peſant quarante ſols, cy . . . . . 2 l.

Cedre blanc, la livre eſtimée à huit ſols tournois, qui ſeroit pour le droit d'entrée de chacun cent peſant quarante ſols, cy . . . . 2 l.

Cedre blanc, la livre eſtimée à huit ſols tournois, qui ſeroit pour le droit d'entrée de chacun cent peſant trente-deux ſols, cy . . . . 1 l. 12 ſ.

Cedre rouge, la livre eſtimée à ſix ſols tournois, qui ſeroit pour le droit d'entrée de chacun cent peſant vingt-quatre ſols. cy . . . . 1 l. 4 ſ.

Caſtor, la livre eſtimée à ſix ſols tournois, qui ſeroit pour le droit d'entrée de chacun cent peſant quarante ſols, cy . . . . 2 l.

Cantarides, la livre eſtimée à cinq ſols tournois, qui ſeroit pour le droit d'entrée de chacun cent peſant vingt ſols, cy . . . . 1 l.

Calamus aromaticus, la livre eſtimée à deux ſols tournois, qui ſeroit pour le droit d'entrée de chacun cent peſant huit ſols, cy . . . . 8 ſ.

Coſte doux & amer, la livre eſtimée à ſept ſols ſix deniers tournois, qui ſeroit pour le droit d'entrée de chacun cent peſant trente ſols, cy . . . . 1 l. 10 ſ.

Colle de toutes ſortes, la livre eſtimée à deux ſols tournois, qui ſeroit pour le droit d'entrée de chacun cent peſant huit ſols, cy . . . . 8 ſ.

Camphre, la livre eſtimée à quatre livres tournois, qui ſeroit pour le droit d'entrée de chacun cent peſant ſeize livres tournois, cy . . . . 16 l.

Couperoſe verd, la livre, voyez Vitriol verd.

Couperoſe blanc, la livre, voyez Vitriol blanc.

Ceruſe fine ou Blanc de plomb, la livre eſtimée à

trois ſols tournois, qui ſeroit pour le droit d'entrée de chacun cent peſant douze ſols, cy		12 ſ.
Cubebes, la livre eſtimée à vingt ſols tournois, qui ſeroit pour le droit d'entrée de chacun cent peſant quatre livres, cy	4 l.	
Cardamome, la livre eſtimée à vingt-cinq ſols, qui ſeroit pour le droit d'entrée de chacun cent peſant cent ſols, cy	5 l.	
Carpobalſamum, la livre eſtimée à ſix ſols tournois, qui ſeroit pour le droit d'entrée de chacun cent peſant vingt-quatre ſols, cy	1 l.	4 ſ.
Cumin, la livre eſtimée à un ſol ſix deniers tournois, qui ſeroit pour le droit d'entrée de chacun cent peſant ſix ſols, cy		6 ſ.
Coriande, la livre eſtimée à un ſol tournois, qui ſeroit pour le droit d'entrée de chacun cent peſant quatre ſols, cy		4 ſ.
Carvi, la livre eſtimée à un ſol ſix deniers tournois, qui ſeroit pour le droit d'entrée de chacun cent peſant ſix ſols, cy		6 ſ.
Coucourdes, la livre eſtimée à un ſol ſix deniers, qui ſeroit pour le droit d'entrée de chacun cent peſant ſix ſols, cy		6 ſ.
Coucombres, la livre eſtimée à un ſol ſix deniers, qui ſeroit pour le droit d'entrée de chacun cent peſant ſix ſols, cy		6 ſ.
Citroüilles, la livre eſtimée à un ſol ſix deniers tournois, qui ſeroit pour le droit d'entrée de chacun cent peſant ſix ſols, cy		6 ſ.
Cocque de Levant, la livre eſtimée à ſept ſols ſix deniers tournois, qui ſeroit pour le droit d'entrée de chacun cent peſant trente ſols, cy	1 l.	10 ſ.

Citoüart ou Zedoüart, la livre eſtimée à vingt ſols tournois, qui ſeroit pour le droit d'entrée de chacun cent peſant quatre livres, cy	4 l.	
Calamine, le cent peſant, ci-devant taxé quarante ſols, payera quarante-deux ſols, cy	2 l.	2 ſ.
Calamus commun, le cent peſant, ci-devant taxé quatre ſols, payera ſix ſols, cy		6 ſ.
Carabe ou Poudre d'Ambre, le cent peſant, ci-devant taxé vingt ſols, payera vingt-cinq ſols, cy .	1 l.	5 ſ.
Cardomomy, le cent peſant, ci-devant taxé cinq livres, payera cinq livres dix ſols, cy	5 l.	10 ſ.
Cardomomy mondé, le cent peſant, ci-devant taxé ſix livres, payera trois livres dix ſols, cy . . .	3 l.	10 ſ.
Cardamy, le cent peſant, ci-devant taxé douze ſols, payera quinze ſols, cy		15 ſ.
Carvy, le cent peſant, ci-devant taxé ſix ſols, payera dix ſols, cy		10 ſ.
Caſtor, le cent peſant, ci-devant taxé quarante ſols, payera huit livres dix ſols, cy	8 l.	10 ſ.
Cercacola, le cent peſant, ci-devant taxé quarante-huit ſols, payera quarante-huit ſols, cy	2 l.	8 ſ.
Chicotin, le cent peſant, ci-devant taxé trois livres, payera trois livres dix ſols, cy	3 l.	10 ſ.
Cire d'Eſpagne, le cent peſant, ci-devant taxé trois livres, payera quatre livres, cy	4 l.	
Cidarat, le cent peſant, ci-devant taxé cinq livres, payera cinq livres dix ſols, cy	5 l.	10 ſ.
Colle douce & amere, le cent peſant, ci-devant taxé trente ſols, payera trente-cinq ſols, cy . .	1 l.	15 ſ.
Coraline, le cent peſant, ci-devant taxé vingt ſols, payera cinquante-cinq ſols, cy	2 l.	15 ſ.
Coridomede, le cent peſant, ci-devant taxé cinq		

sols, payera six sols, cy . . . . 6 s.

Corticum-Caparis, le cent pesant, ci-devant taxé quinze sols, payera seize sols, cy . . . . 16 s.

Costus verus, le cent pesant, ci-devant taxé trente sols, payera trente-cinq sols, cy . . . . 1 l. 15 s.

Cucidres, le cent pesant, ci-devant taxé quatre livres dix sols, payera quatre liv. quinze sols, cy 4 l. 15 s.

Cinabre, le cent pesant payera quarante sols, cy . . 2 l.

Cacos, la livre estimée à dix sols, payera pour chacun cent pesant, quarante sols, cy . . . . . . 2 l.

Coton filé & Coton en laine, qui par le susdit Edit de mil cinq cens quatre-vingt-un, avoit été compris au Chapitre des Epiceries & Drogueries, ont depuis été distraits par la declaration du 6. Novembre ensuivant, & estimez pour en prendre le droit à la sortie, ainsi qu'il est ci-dessus contenu en l'Alphabet de l'imposition suivante.

D.

DRAGE'E de toutes sortes, la livre estimée à huit sols tournois, qui seroit pour le droit d'entrée de chacun cent pesant trente-deux sols, cy . . 1 l. 12 s.

Dattes, la livre estimée à quatre sols tournois, qui seroit pour le droit d'entrée de chacun cent pesant seize sols, cy . . . . 16 s.

Doronicum-Romanum, la livre estimée à six deniers tournois, qui seroit pour le droit d'entrée de chacun cent pesant deux sols, cy . . . . . . 2 s.

Dictamus, la livre estimée à trois sols tournois, qui seroit pour le droit d'entrée de chacun cent pesant douze sols, cy . . . . 12 s.

E.

ELLEBORE blanc & noir, la livre eſtimée à trois ſols tournois, qui ſeroit pour le droit d'entrée de chacun cent peſant douze ſols, cy		12 ſ.
Eſule, la livre eſtimée à un ſol, qui ſeroit pour le droit d'entrée de chacun cent peſant quatre ſols, cy		4 ſ.
Epithime, la livre eſtimée à dix ſols tournois, qui ſeroit pour le droit d'entrée de chacun cent peſant quarante ſols, cy	2 l.	
Euforbe, la livre eſtimée à quatre ſols tournois, qui ſeroit pour le droit d'entrée de chacun cent peſant ſeize ſols, cy		16 ſ.
Ecorce de Tamaris, la livre eſtimée à trois ſols tournois, qui ſeroit pour le droit d'entrée de chacun cent peſant douze ſols, cy		12 ſ.
Ecorce de Capres, la livre eſtimée à quatre ſols tournois, qui ſeroit pour le droit d'entrée de chacun cent peſant ſeize ſols, cy		16 ſ.
Æs uſtum, la livre eſtimée à ſix ſols tournois, qui ſeroit pour le droit d'entrée de chacun cent peſant vingt-quatre ſols, cy	1 l.	4 ſ.
Eponges, la livre eſtimée à deux ſols tournois, qui ſeroit pour le droit d'entrée de chacun cent peſant huit ſols, cy		8 ſ.
Encens fin ou Oliban, la livre eſtimée à quatre ſols tournois, qui ſeroit pour le droit d'entrée de chacun cent peſant ſeize ſols, cy		16 ſ.
Encens gros, la livre eſtimée à un ſol tournois, qui ſeroit pour le droit d'entrée de chacun cent peſant		

quatre ſols, cy . . . . 4 ſ.

Eau de Nar & Naphe, le cent peſant, ci-devant taxé à vingt ſols, payera vingt-cinq ſols, cy . . 1 l. 5 ſ.

Eau de Fleur d'Orange, le cent peſant, ci-devant taxé à vingt ſols, payera vingt-cinq ſols, cy . . 1 l. 5 ſ.

Ellebore vrai, le cent peſant, ci-devant taxé douze ſols, payera quatorze ſols, cy . . . . 14 ſ.

Ecorce de Breſil, la voiture de douze ſacs, & le ſac de quatre meſures, ci-devant taxé cinq ſols, payera huit ſols, cy . . . . 8 ſ.

Ecorce de Breſil non batuë, ladite voiture, ci-devant taxée un ſol, payera un ſol ſix deniers, cy . 1 ſ. 6 d.

Ecorce de Mandragore, le cent peſant, ci-devant taxé quarante ſols, payera quarante-cinq ſols, cy 2 l. 5 ſ.

Ecorce de citron confit, le cent peſant, ci-devant taxé quarante ſols, payera cinquante ſols, cy . . 2 l. 10 ſ.

Ecorce de Gayat de Levant, le cent peſant, ci-devant taxé quarante ſols, payera vingt-quatre ſols, cy 1 l. 4 ſ.

Eſnelle, le cent peſant, ci-devant taxé quatre ſols, payera ſix ſols, cy . . . . 6 ſ.

Eſſuelle, le cent peſant, ci-devant taxé quatre ſols, payera vingt ſols, cy . . . . 1 l.

Emericq, la livre eſtimée à un ſol, payera pour chacun cent peſant, quatre ſols, cy . . . . . . 4 ſ.

F.

FIGUES, la livre eſtimée à un ſol tournois, qui ſeroit pour le droit d'entrée de chacun cent peſant quatre ſols, cy . . . . 4 ſ.

Fenoüil, la livre eſtimée à un ſol ſix deniers tournois, qui ſeroit pour le droit d'entrée de chacun cent pesant six sols, cy . . . . 6 s.

Folium gariofili, la livre estimée à cinquante sols tournois, qui seroit pour le droit d'entrée de chacun cent pesant dix livres, cy . . . . 10 l.

Folium malobatri, la livre estimée à vingt-cinq sols tournois, qui seroit pour le droit d'entrée de chacun cent pesant cent sols, cy . . . . 5 l.

Fleurs de violette & autres, le cent pesant, ci-devant taxé six sols, payera douze sols, cy . . . . . 12 s.

Fleurs d'Escenanthe, le cent pesant, ci-devant taxé quarante-huit sols, payera quarante-huit sols, cy 2 l. 8 s.

Fleurs de soulphre, le cent pesant, ci-devant taxé trois livres, payera trois livres cinq sols, cy . . 3 l. 5 s.

Florum Cartamy, ou Saffran bâtard, le cent pesant, ci-devant taxé trente sols, payera trente-six sols, cy . . . . 1 l. 16 s.

Flores, le cent pesant, ci-devant taxé trois livres, payera trois livres cinq sols, cy . . . . 3 l. 5 s.

Folij inde, le cent pesant, ci-devant taxé dix livres, payera dix livres dix sols, cy . . . . 10 l. 10 s.

Fragmena, le cent pesant, ci-devant taxé quatre livres, payera quatre livres dix sols, cy . . . . . . 4 l. 10 s.

Senegré, le cent pesant, ci-devant taxé cinq sols, payera huit sols, cy . . . . 8 s.

G.

GINGEMBRE, de toutes sortes que ce soit, compris celui de Saint Ovier, & autres que l'on nomme Mesquin ou Colombin, payera pour le quintal ou cent pesant à trois écus un tiers pour le payement dudit droit d'entrée, pour chacun cent pesant, dix livres, cy . . . . 10 l.

Graine

Graine d'Ecarlate, la livre eſtimée à quarante-cinq ſols, pour en être pris le droit à quatre pour cent, qui ſeroit pour le droit d'entrée de chacun cent peſant neuf livres tournois, cy	9 l.	
Galles de toutes ſortes, la livre eſtimée à trois ſols, qui ſeroit pour le droit d'entrée de chacun cent peſant douze ſols tournois, cy		12 ſ.
Galanga fin, la livre eſtimée à quarante ſols tournois, qui ſeroit pour le droit d'entrée de chacun cent peſant huit livres, cy	8 l.	
Galanga ſauvage, la livre eſtimée à vingt ſols tournois, qui ſeroit pour le droit d'entrée de chacun cent peſant quatre livres, cy	4 l.	
Grenades, le cent en nombre, eſtimé à cent ſols tournois, qui ſeroit pour les droits de chacun cent en nombre quatre ſols, cy		4 ſ.
Et pour chacun millier en nombre, quarante ſols, cy	2 l.	
Gayac, bois & écorce, la livre eſtimée à un ſol tournois, qui ſeroit pour le droit d'entrée de chacun cent peſant quatre ſols, cy		4 ſ.
Gomme de Cedre, la livre eſtimée à ſix ſols tournois, qui ſeroit pour le droit d'entrée de chacun cent peſant vingt-quatre ſols, cy	1 l.	4 ſ.
Gomme Amoniac, la livre eſtimée à ſept ſols ſix deniers, qui ſeroit pour le droit d'entrée de chacun cent peſant trente-ſols, cy	1 l.	10 ſ.
Galbanum, la livre eſtimée à dix ſols tournois, qui ſeroit pour le droit d'entrée de chacun cent peſant quarante ſols, cy	2 l.	
Gomme de Lierre, la livre eſtimée à quatre ſols tournois, qui ſeroit pour le droit d'entrée de chacun cent peſant ſeize ſols, cy		16 ſ.

Gomme Elemi, la livre eſtimée à huit ſols tournois, qui ſeroit pour le droit d'entrée de chacun cent peſant trente-deux ſols, cy . . . . 1 l. 12 ſ.

Gomme Arabic, la livre eſtimée à trois ſols, qui ſeroit pour le droit d'entrée de chacun cent peſant douze ſols, cy . . . . 12 ſ.

Gomme Dragant, la livre eſtimée à ſix ſols tournois, qui ſeroit pour le droit d'entrée de chacun cent peſant vingt-quatre ſols, cy . . . . 1 l. 4 ſ.

Glus, la livre eſtimée à un ſol ſix deniers tournois, qui ſeroit pour le droit d'entrée de chacun cent peſant ſix ſols, cy . . . . 6 ſ.

Gentiane, la livre eſtimée à dix deniers tournois, qui ſeroit pour le droit d'entrée de chacun cent peſant trois ſols quatre deniers, cy . . . . . . 3 ſ. 4 d.

Gomme animé, le cent peſant, ci-devant taxé quatre livres, payera quatre livres dix ſols, cy . . 4 l. 10 ſ.

Gomme Dragacanda, le cent peſant, ci-devant taxé trente ſols, payera trente-ſix ſols, cy . . . 1 l. 16 ſ.

Gomme de Tecamaha, le cent peſant, ci-devant taxé quatre livres, payera quatre liv. dix ſols, cy 4 l. 10 ſ.

Gomme Lacque, le cent peſant, ci-devant taxé trente-deux ſols, payera quarante-deux ſols, cy 2 l. 2 ſ.

Gomme Caragne, le cent peſant, ci-devant taxé huit livres, payera huit livres cinq ſols, cy . . . . . 8 l. 5 ſ.

Gomme Ederic, le cent peſant, ci-devant taxé trente-deux ſols, payera trente-cinq ſols, cy . 1 l. 15 ſ.

Gomme Olampy, le cent peſant, ci-devant taxé trente-deux ſols, payera trente-cinq ſols, cy . 1 l. 15 ſ.

Gomme Errapin, le cent peſant, ci-devant taxé quatre livres, payera quatre livres quinze ſols, cy 4 l. 15 ſ.

Gomme Ederé, le cent peſant, ci-devant taxé huit

livres, payera huit livres quinze sols, cy . . . 8 l. 15 s.

Graine jaune, le cent pesant, ci-devant taxé à quatre sols, payera six sols, cy . . . . . . 6 s.

Graye de Thonne, le cent pesant, ci-devant taxé à deux sols, payera cinq sols, cy . . . . 5 s.

Grenades, le cent en nombre, ci-devant taxé à quatre sols, payera cinq sols, cy . . . . . . 5 s.

Grenas ou Citrons étraints, le cent pesant, ci-devant taxé six livres, payera six livres dix sols, cy 6 l. 10 s.

Gutta gamma, le cent pesant, ci-devant taxé huit livres, payera huit livres dix sols, cy . . . . . 8 l. 10 s.

Guinée, le cent pesant, ci-devant taxé huit livres, payera huit livres dix sols, cy . . . . 8 l. 10 s.

Guy de Chêne, le cent pesant, ci-devant taxé douze sols, payera quatorze sols, cy . . . . 14 s.

Goldron, le lest, payera vingt sols, cy . . . . . 1 l.

H.

HERMODATES, la livre estimée à trois sols tournois, qui seroit pour le droit d'entrée de chacun cent pesant douze sols, cy . . . . . 12 s.

Huile d'Aspic, la livre estimée à dix sols tournois, qui seroit pour le droit d'entrée de chacun cent pesant quarante sols, cy . . . . 2 l.

Huile de Petrolle, la livre estimée à dix sols tournois, qui seroit pour le droit d'entrée de chacun cent pesant quarante sols, cy . . . . 2 l.

Huile de Terebenthine, la livre estimée à quatre sols tournois, qui seroit pour le droit d'entrée de chacun cent pesant seize sols, cy . . . . 16 s.

Huile Benedict, la livre estimée à quatre sols tournois, qui ſeroit pour le droit d'entrée de chacun cent peſant ſeize ſols, cy . . . . 16 ſ.

Huile Laurin, la livre eſtimée à quatre ſols tournois, qui ſeroit pour le droit d'entrée de chacun cent peſant ſeize ſols, cy . . . . 16 ſ.

Huile de Tartare, la livre eſtimée à quatre ſols tournois, qui ſeroit pour le droit d'entrée de chacun cent peſant ſeize ſols, cy . . . . 16 ſ.

Huile de Scorpion, la livre eſtimée à cinq ſols tournois, qui ſeroit pour le droit d'entrée de chacun cent peſant vingt ſols, cy . . . . 1 l.

Huile chenevis, la livre eſtimée à un ſol tournois, qui ſeroit pour le droit d'entrée de chacun cent peſant quatre ſols, cy . . . . 4 ſ.

Houx blanchi, la livre eſtimée à un ſol ſix deniers tournois, qui ſeroit pour le droit d'entrée de chacun cent peſant ſix ſols, cy . . . . 6 ſ.

Hipochiſtis, la livre eſtimée à quatre ſols tournois, qui ſeroit pour le droit d'entrée de chacun cent peſant ſeize ſols, cy . . . . 16 ſ.

Huiles d'amandes douces & ameres, le cent peſant, ci-devant taxé quarante ſols, payera cinquante ſols, cy . . . . 2 l. 10 ſ.

Huile de romarin, le cent peſant, ci-devant taxé ſeize ſols, payera trois livres quatre ſols, cy . . 3 l. 4 ſ.

Huile de cade, le cent peſant, ci-devant taxé douze ſols, payera quinze ſols, cy . . . . 15 ſ.

Huile de pomade, le cent peſant, ci-devant taxé ſeize ſols, payera dix-huit ſols, cy . . . . 18 ſ.

Huile de genevre, le cent peſant, ci-devant taxé ſeize ſols, payera quatre livres quatre ſols, cy . 4 l. 4 ſ.

Hyacinthes, le cent peſant, ci-devant taxé douze

ſols, payera vingt-deux ſols, cy . . . . 1 l. 2 ſ.

Huile d'anis, payera pour le droit de chacun cent peſant dix livres, cy . . . . 10 l.

Hypoſtquiſtidos, le cent peſant, ci-devant taxé ſeize ſols, payera vingt-cinq ſols, cy . . . . . 1 l. 5 ſ.

I.

JUJUBES, la livre eſtimée à un ſol tournois, qui ſeroit pour le droit d'entrée de chacun cent peſant quatre ſols, cy . . . . 4 ſ.

Iris, la livre eſtimée à deux ſols tournois, qui ſeroit pour le droit d'entrée de chacun cent peſant huit ſols, cy . . . . 8 ſ.

Jus de regliſſe, la livre eſtimée à quatre ſols, qui ſeroit pour le droit d'entrée de chacun cent peſant ſeize ſols, cy . . . . 16 ſ.

Inde fine, ou Anil de Barbarie, la livre eſtimée à ſept ſols ſix deniers tournois, qui ſeroit pour le droit d'entrée de chacun cent peſant trente ſols, cy . . . . 1 l. 10 ſ.

Inde fine, ou Anil de Portugal, de Veniſe ou d'ailleurs, la livre eſtimée à quinze ſols tournois, qui ſeroit pour le droit d'entrée de chacun cent peſant ſoixante ſols, cy . . . . 3 l.

Jalap, le cent peſant, ci-devant taxé huit livres, payera huit livres quinze ſols, cy . . . . 8 l. 15 ſ.

Ireos, le cent peſant, ci-devant taxé huit ſols, payera ſeize ſols, cy . . . . 16 ſ.

Juncon odoratus, le cent peſant, ci-devant taxé dix livres, payera dix livres quinze ſols, cy . . . . 10 l. 15 ſ.

Jus de Limon, le cent peſant, ci devant taxé ſeize ſols, payera vingt ſols, cy . . . . 1 l.

L.

LIGNUM Aloës fin, la livre eſtimée à quatre livres tournois, qui ſeroit pour le droit d'entrée de chacun cent peſant ſeize livres, cy ...... 16 l.

Lignum Aloës moyen, la livre eſtimée à dix ſols tournois, qui ſeroit pour le droit d'entrée de chacun cent peſant quarante ſols, cy .... 2 l.

Lignum Balſami, la livre eſtimée à dix ſols tournois, qui ſeroit pour le droit d'entrée de chacun cent peſant quarante ſols, cy .... 2 l.

Lignum Caſſiæ, la livre eſtimée à ſept ſols ſix deniers tournois, qui ſeroit pour le droit d'entrée de chacun cent peſant trente ſols, cy .... 1 l. 10 ſ.

Lacque de Veniſe, la livre eſtimée à ſoixante ſols tournois, qui ſeroit pour le droit d'entrée de chacun cent peſant douze livres, cy .... 12 l.

Ladanum, la livre eſtimée à quatre ſols tournois, qui ſeroit pour le droit d'entrée de chacun cent peſant ſeize ſols, cy .... 16 ſ.

Litharge d'or, la livre eſtimée à un ſol tournois, qui ſeroit pour le droit d'entrée de chacun cent peſant quatre ſols, cy .... 4 ſ.

Litharge d'argent, la livre eſtimée à un ſol tournois, qui ſeroit pour le droit d'entrée de chacun cent peſant quatre ſols, cy .... 4 ſ.

Laca, la livre eſtimée à dix ſols tournois, qui ſeroit pour le droit d'entrée de chacun cent peſant quarante ſols, cy .... 2 l.

Lacque, autrement Cire à cacheter, au prix de Cire vieille ou neuve, la livre eſtimée à huit ſols

tournois, qui seroit pour le droit d'entrée de chacun cent pesant trente-deux sols, cy . . . . . 1 l. 12 s.

Lacque ronde, le cent pesant, ci-devant taxé quarante-huit sols, payera quatre livres, cy . . . . 4 l.

Lacque plate, le cent pesant, ci-devant taxé quarante-huit sols, moderé à quarante sols, cy . . 2 l.

Lapis entalis, le cent pesant, ci-devant taxé six livres, payera six livres quinze sols, cy . . . . . . 6 l. 15 s.

Lapis dentalis, le cent pesant, ci-devant taxé six livres, payera sept livres, cy . . . . 7 l.

Lapis hematites, le cent pesant, ci-devant taxé cinq livres, payera six livres, cy . . . . 6 l.

Lapis Judaïcus, le cent pesant, ci-devant taxé à quatre livres, payera cinq livres, cy . . . . . 5 l.

Lapis lazuli, le cent pesant, ci-devant taxé à quatre livres, payera quatre livres dix sols, cy . . . . 4 l. 10 s.

Lapis calaminaris, le cent pesant, ci-devant taxé à vingt sols, payera vingt-deux sols, cy . . . . 1 l. 2 s.

Lapis magnes, le cent pesant, ci-devant taxé quatre livres dix-huit sols, payera quatre livres dix-huit sols, cy . . . . 4 l. 18 s.

Lierre, le cent pesant, ci-devant taxé huit sols, payera douze sols, cy . . . . 12 s.

Lignum sanctum, le cent pesant, ci-devant taxé deux sols, payera quatre sols, cy . . . . 4 s.

M.

MUSCADES entieres ou rompuës, Massis & Noüasses, le quintal ou cent pesant à trois écus un tiers pour le payement dudit droit d'entrée, pour chacun cent pesant, dix livres, cy . 10 l.

Mesquin, voyez ci-dessus Gingembre.

Maniguette, ou Graine de Paradis, la livre estimée à huit sols tournois, qui seroit pour le droit d'entrée de chacun cent pesant trente-deux sols, cy . 1 l. 12 s.

Mirabolans, Emblics, Citrins, Rebus, Belleriez & Indins secs, chacun d'iceux cinq sols tournois, qui seroit pour le droit d'entrée de chacun cent en nombre vingt sols, cy . . . . 1 l.

Manne de Calabre, la livre estimée à soixante sols tournois, qui seroit pour le droit d'entrée de chacun cent pesant, douze livres, cy . . . . 12 l.

Manne de toutes sortes, la livre estimée à vingt sols tournois, qui seroit pour le droit d'entrée de chacun cent pesant quatre livres, cy . . . . . . 4 l.

Miel de toutes sortes, la livre estimée à deux sols six deniers, qui seroit pour le droit d'entrée de chacun cent pesant dix sols, cy . . . . 10 s.

Musc, la livre estimée à deux cens cinquante livres tournois, qui seroit pour le droit d'entrée de chacun cent pesant mille livres tournois, cy . . . . 1000 l.

Momie, la livre estimée à vingt-cinq sols tournois, qui seroit pour le droit d'entrée de chacun cent pesant quatre livres, cy . . . . 4 l.

Mastic, la livre estimée à vingt-cinq sols tournois, qui seroit pour le droit d'entrée de chacun cent pesant cent sols, cy . . . . 5 l.

Mirrhe, la livre estimée à trois sols tournois, qui seroit pour le droit d'entrée de chacun cent pesant douze sols, cy . . . . 12 s.

Melons, la livre estimée à un sol six deniers tournois, qui seroit pour le droit d'entrée de chacun cent pesant six sols, cy . . . . 6 s.

Mil,

Mil, la livre eſtimée à ſix deniers tournois, qui ſeroit pour le droit d'entrée de chacun cent peſant deux ſols, cy . . . . 2 ſ.

Mirtilles, la livre eſtimée à deux ſols tournois, qui ſeroit pour le droit d'entrée de chacun cent peſant huit ſols, cy . . . . 8 ſ.

Marmelade, compriſe ſous l'eſpece de confitures, la livre eſtimée à dix ſols, qui ſeroit pour le droit d'entrée de chacun cent peſant quarante ſols, cy 2 l.

Mine de Plomb, la livre eſtimée à un ſol ſix deniers tournois, qui ſeroit pour le droit d'entrée de chacun cent peſant ſix ſols, cy . . . . 6 ſ.

Maſſicot, la livre eſtimée à un ſol tournois, qui ſeroit pour le droit d'entrée de chacun cent peſant quatre ſols, cy . . . . 4 ſ.

Melaſſes, ſortant du ſuccre, ne ſont ici apréciées, parce qu'elles ſont contenuës en l'état & rolle de l'entrée des groſſes denrées & marchandiſes, au payement duquel droit elles ſont ſujettes, comme il ſera dit ci-aprés, pour ceci neant.

Macis, voyez ci-devant Muſcades.

Mechoacam, la livre eſtimée à trente ſols, qui ſeroit pour le droit d'entrée de chacun cent peſant ſix livres, cy . . . . 6 l.

Menſe, le cent peſant, ci-devant taxé dix livres, payera onze livres, cy . . . . 11 l.

Mandragore, le cent peſant, ci-devant taxé ſeize ſols, payera quarante ſols, cy . . . . 2 l.

Marcadoſſin, le cent peſant, ci-devant taxé trente livres, payera trente-cinq livres, cy . . . . . 35 l.

Macaſites, la bute, ci-devant taxé ſix livres, payera ſix livres, cy . . . . 6 l.

Machnacam, le cent pesant, ci-devant taxé huit livres, payera huit livres quinze sols, cy . . .	8 l.	15 s.
Mirabolans, Embliques & Citrins confits, le cent pesant, ci-devant taxé seize livres, payera dix-sept livres, cy	17 l.	
Myrthes, le cent pesant, ci-devant taxé douze sols, payera trente sols, cy	1 l.	10 s.
Mythridate, le cent pesant, ci-devant taxé à quarante sols, payera quarante-cinq sols, cy	2 l.	5 s.

N.

NOIX MUSCADES, entieres ou rompuës, voyez Muscades.		
Noix de Galles de toutes sortes, voyez Galles.		
Noix d'Inde, la piece estimée à trois sols tournois, qui seroit pour chacun cent en nombre douze sols, cy		12 s.
Noix de Cippre, la piece estimée à six deniers, qui seroit pour chacun cent en nombre deux sols tournois, cy		2 s.
Noix vomique, la piece estimée à six deniers tournois, qui seroit pour chacun cent en nombre deux sols, cy		2 s.
Nature de Baleine, le cent pesant, ci-devant taxé à huit livres, payera huit livres dix sols, cy . .	8 l.	10 s.
Nigella grise, le cent pesant, ci-devant taxé quarante sols, payera cinquante sols, cy	2 l.	10 s.
Nigella noire, le cent pesant, ci-devant taxé douze sols, payera treize sols, cy		13 s.

O.

ORENGES, le millier en nombre, eſtimé à vingt ſols tournois, qui ſeroit pour le droit d'entrée de chacun millier en nombre, neuf deniers obole, cy . . . . 9 d. ob.

Et pour cinq milliers, quatre ſols, cy . . . . . 4 ſ.

Et pour dix milliers, huit ſols tournois, cy . . . . 8 ſ.

Olives d'Eſpagne, la livre eſtimée deux ſols dix deniers, qui ſeroit pour le droit d'entrée de chacun cent peſant douze ſols, cy . . . . 12 ſ.

Olives de Gennes, la livre eſtimée à trois ſols tournois, qui ſeroit pour le droit d'entrée de chacun cent peſant douze ſols, cy . . . . 12 ſ.

Opium ou Orpin, la livre eſtimée à vingt-cinq ſols tournois, qui ſeroit pour le droit d'entrée de chacun cent peſant cent ſols, cy . . . . 5 l.

Orpiment, la livre eſtimée à cinq ſols tournois, qui ſeroit pour le droit d'entrée de chacun cent peſant vingt ſols, cy . . . . 1 l.

Oppoponax, la livre eſtimée à trente-deux ſols tournois, qui ſeroit pour le droit d'entrée de chacun cent peſant ſix livres huit ſols, cy . . . 6 l. 8 ſ.

Oſeille en herbe, miſe en balle & non acoûtrée, la livre eſtimée à deux ſols ſix deniers, qui ſeroit pour le droit d'entrée de chacun cent peſant dix ſols, cy . . . . 10 ſ.

Oſeille en baril, prête & acoûtrée, autrement Tourneſol liquide en baril, qui differe ſeulement de couleur, la livre eſtimée à cinq ſols tournois, qui ſeroit pour le droit d'entrée de chacun cent peſant vingt ſols tournois, cy . . . . 1 l.

Ocre jaune, le cent pesant payera vingt sols, cy .. 1 l.

Orobes, le cent pesant, ci-devant taxé douze sols, payera quatorze sols, cy . . . . 14 s.

Orpin, le cent pesant, ci-devant taxé cinq livres, payera cinq livres dix sols, cy . . . . 5 l. 10 s.

Os de cœur de Cerf, le cent pesant, ci-devant taxé dix sols, payera trente sols, cy . . . . 1 l. 10 s.

Os de Seiche, le cent pesant, ci-devant taxé onze sols, payera treize sols, cy . . . . 13 s.

Ocre rouge & jaune, la livre estimée un sol, qui seroit pour le droit d'entrée de chacun cent pesant quatre sols, cy . . . . 4 s.

P.

POIVRE de toutes sortes, payera pour quintal ou cent pesant, à trois écus un tiers pour le payement dudit droit d'entrée, pour chacun cent pesant dix livres, cy . . . . 10 l.

Poivre de Bresil, la livre estimée à cinq sols tournois, qui seroit pour le droit d'entrée de chacun cent pesant vingt sols, cy . . . . 1 l.

Pastel, Poudre ou Graine d'Ecarlate, la livre estimée à quarante-cinq sols, pour en être pris le droit de quatre pour cent à l'entrée, qui seroit pour ledit droit d'entrée de chacun cent pesant neuf livres, cy . . . . 9 l.

Pruneaux de toutes sortes, la livre estimée à huit deniers tournois, qui seroit pour le droit d'entrée de chacun cent pesant deux sols huit deniers, cy 2 s. 8 d.

Pavelle de toutes sortes, autrement succre en poudre, voyez Succre de toutes sortes.

Pignons, la livre estimée à quatre sols tournois, qui

ſeroit pour le droit d'entrée de chacun cent peſant ſeize ſols, cy . . . . 16 ſ.

Piſtaches, la livre eſtimée à quatre ſols tournois, qui ſeroit pour le droit d'entrée de chacun cent peſant ſeize ſols, cy . . . . 16 ſ.

Pas d'aſne, la livre eſtimée à trois ſols tournois, qui ſeroit pour le droit d'entrée de chacun cent peſant douze ſols, cy . . . . 12 ſ.

Pirette, la livre eſtimée à deux ſols tournois, qui ſeroit pour le droit d'entrée de chacun cent peſant huit ſols, cy . . . . 8 ſ.

Pierre de Ponce, la livre eſtimée à deux ſols tournois, qui ſeroit pour le droit d'entrée de chacun cent peſant huit ſols, cy . . . . 8 ſ.

Pierre d'Aimant, la livre eſtimée à quatre ſols tournois, qui ſeroit pour le droit d'entrée de chacun cent peſant ſeize ſols, cy . . . . 16 ſ.

Poix réſine, la livre eſtimée à un ſol tournois, qui ſeroit pour le droit d'entrée de chacun cent peſant quatre ſols, cy . . . . 4 ſ.

Poix blanche ou noire, autrement Arcançon, la livre eſtimée à un ſol tournois, qui ſeroit pour le droit d'entrée de chacun cent peſant quatre ſols, cy . . . . 4 ſ.

Poix de Bourgogne, la livre eſtimée à un ſol, qui ſeroit pour le droit d'entrée de chacun cent peſant quatre ſols, cy . . . . 4 ſ.

Paſſe-pierre, la livre eſtimée à ſix deniers, qui ſeroit pour le droit d'entrée de chacun cent peſant deux ſols, cy . . . . 2 ſ.

Petun, le cent peſant doit payer quarante ſols, cy . 2 l.

Perles à l'once, voir les groſſes denrées.

Perelle en terre, le cent pesant, ci-devant taxé deux sols, payera quatre sols, cy . . . . 4 s.

Perelle en teinture du Pays, voir les grosses denrées.

Poudre de violette, le cent pesant, ci-devant taxé trois livres, payera trois livres quatre sols, cy . 3 l. 4 s.

Poudre de Cypre, le cent pesant, ci-devant taxé quatre livres dix sols, payera cinq livres, cy . . 5 l.

Porcelaine, voir les grosses denrées.

R.

RAISINS de Damas & Corinthe, la livre estimée à quatre sols tournois, qui seroit pour le droit d'entrée de chacun cent pesant seize sols, cy 16 s.

Raisins de toutes autres sortes, la livre estimée à un sol tournois, qui seroit pour le droit d'entrée de chacun cent pesant quatre sols, cy . . . . . . 4 s.

Rhubarbe, la livre estimée à douze livres dix sols tournois, qui seroit pour le droit d'entrée de chacun cent pesant cinquante livres, cy . . . . 50 l.

Rheupontic, la livre estimée à un sol tournois, qui seroit pour le droit d'entrée de chacun cent pesant quatre sols, cy . . . . 4 s.

Roses, la livre estimée à huit sols tournois, qui seroit pour le droit d'entrée de chacun cent pesant trente-deux sols, cy . . . . 1 l. 12 s.

Rosette, la livre estimée à cent sols tournois, qui seroit pour le droit d'entrée de chacun cent pesant vingt livres, cy . . . . 20 l.

Reglisse, la livre estimée à un sol tournois, qui seroit pour le droit d'entrée de chacun cent pesant quatre sols, cy . . . . 4 s.

Roche de Borax, la livre estimée à cinquante sols

tournois, qui feroit pour le droit d'entrée de chacun cent pefant dix livres, cy . . . . 10 l.

Reagal, la livre eftimée à quatre fols tournois, qui feroit pour le droit d'entrée de chacun cent pefant feize fols, cy . . . . 16 f.

Ris, la livre eftimée à un fol tournois, qui feroit pour le droit d'entrée de chacun cent pefant quatre fols, cy . . . . 4 f.

Réfine, voyez Poix réfine.

Roucou, la livre eftimée à fept fols, qui feroit pour le droit d'entrée de chacun cent pefant vingt-huit fols, cy . . . . 1 l. 8 f.

Radix dictami, le cent pefant, ci-devant taxé quarante fols, payera quarante-cinq fols, cy . . . 2 l. 5 f.

Rafuré eboris, autrement râclure d'Ivoire, le cent pefant, ci-devant taxé huit fols, payera lefdits huit fols, cy . . . . 8 f.

Ragal, le cent pefant, ci-devant taxé feize fols, payera dix-huit fols, cy . . . . 18 f.

Refponfi, le cent pefant, ci-devant taxé trente-deux livres, payera trente-deux livres, cy . . 32 l.

Romarin, le cent pefant, ci-devant taxé quatre fols, payera fix fols, cy . . . . 6 f.

Rofes de Provins, le cent pefant, ci-devant taxé trente-deux fols, payera trente-cinq fols, cy . 1 l. 15 f.

Rofette de Borax, le cent pefant, ci-devant taxé vingt livres, payera vingt-une livres, cy . . . 21 l.

Ruchettes, taxées deux fols, cy . . . . 2 f.

S.

SAFFRAN de toutes fortes, la livre eftimée à huit livres, qui feroit pour le droit d'entrée de chacun cent pesant trente-deux livres, cy . . 32 l.

Succre de toutes sortes, en quoi est compris la Cassonade, qui est Succre rompu en morceaux, & la Pavelle, qui est Succre en poudre, la livre estimée à six sols tournois, qui est pour le droit d'entrée de chacun cent pesant vingt-quatre sols, cy 1 l. 4 s.

Sebestes, la livre estimée à sept sols six deniers tournois, qui seroit pour le droit d'entrée de chacun cent pesant trente sols, cy . . . . . . 1 l. 10 s.

Scamonée, la livre estimée à six livres tournois, qui seroit pour le droit d'entrée de chacun cent pesant vingt-quatre livres, cy . . . . 24 l.

Sené de Levant, la livre estimée à douze sols tournois, qui seroit pour le droit d'entrée de chacun cent pesant quarante huit sols, cy . . . . 2 l. 8 s.

Semence de Perles, la livre estimée à vingt-cinq livres tournois, qui seroit pour le droit d'entrée de chacun cent pesant cent livres, cy . . . . . 100 l.

Spica-Nardi, la livre estimée à trente sols tournois, qui seroit pour le droit d'entrée de chacun cent pesant six livres, cy . . . . 6 l.

Spica-Celtica, la livre estimée à six sols tournois, qui seroit pour le droit d'entrée de chacun cent pesant vingt-quatre sols, cy . . . . 1 l. 4 s.

Stœchas arabic, la livre estimée à six sols tournois, qui seroit pour le droit d'entrée de chacun cent pesant vingt-quatre sols, cy . . . . 1 l. 4 s.

Stœlhas-Citrin, la livre estimée à quatre sols tournois, qui seroit pour le droit d'entrée de chacun cent pesant seize sols, cy . . . . 16 s.

Saxifrage, le cent pesant doit payer pour ledit droit d'entrée quarante sols, cy . . . . 2 l.

Schœnautum, la livre estimée à quatre sols tournois, qui feroit pour le droit d'entrée de chacun cent pesant seize sols, cy . . . . 16 s.

Spodes, la livre estimée à six sols tournois, qui feroit pour le droit d'entrée de chacun cent pesant vingt-quatre sols, cy . . . . 1 l. 4 s.

Stines, la livre estimée à vingt sols, qui feroit pour le droit de chacun cent pesant quatre livres, cy 4 l.

Sang de dragon fin, la livre estimée à trente sols, qui feroit pour le droit de chacun cent pesant six livres, cy . . . . 6 l.

Sang de dragon moyen, la livre estimée à douze sols, qui feroit pour le droit de chacun cent pesant cinquante sols, cy . . . . 2 l. 10 s.

Squille marine, la livre estimée à deux sols, qui feroit pour le droit de chacun cent pesant huit sols, cy 8 s.

Sal nitre, la livre estimée à trois sols, qui feroit pour le droit de chacun cent pesant douze sols, cy . . 12 s.

Sal amoniac, la livre estimee à vingt sols, qui feroit pour le droit de chacun cent pesant quatre liv. cy 4 l.

Sal gemmé, la livre estimée à trois sols, qui feroit pour le droit de chacun cent pesant douze sols, cy 12 s.

Sublimé, la livre estimée à quatre sols, qui feroit pour le droit de chacun cent pesant seize sols, cy 16 s.

Sanguine, le quintal quatre sols, cy . . . . 4 s.

Soulphre vif, la livre estimee à un sol, qui feroit pour le droit de chacun cent pesant quatre sols, cy 4 s.

Soulphre commun ou noir, la livre estimee à six deniers, qui feroit pour le droit de chacun cent pesant deux sols, cy . . . . 2 s.

Sperme de Baleine, la livre estimée à trente sols, qui feroit pour le droit de chacun cent pesant six livres tournois, cy . . . . 6 l.

Savon de Gayete, la livre estimée à deux sols, qui seroit pour le droit de chacun cent pesant huit sols, cy . . . . 8 s.

Savon noir liquide, la livre estimée à un sol, qui seroit pour le droit de chacun cent pesant quatre sols, cy . . . . 4 s.

Sagapin, la livre estimée à vingt-deux sols, qui seroit pour le droit de chacun cent pesant quatre livres dix sols, cy . . . . 4 l. 10 s.

Sarcocolle, la livre estimée à douze sols, qui seroit pour le droit de chacun cent pesant quarante-huit sols, cy . . . . 2 l. 8 s.

Storax calemus, la livre estimée à quinze sols, qui seroit pour le droit de chacun cent pesant trois livres, cy . . . . 3 l.

Storax liquide, la livre estimée à cinq sols, qui seroit pour le droit de chacun cent pesant vingt sols, cy . . . . 1 l.

Senegré, la livre estimée à trois deniers, qui seroit pour le droit de chacun cent pesant un sol, cy . . 1 s.

Samach, la livre estimée à un sol, qui seroit pour le droit de chacun cent pesant quatre sols, cy . . . 4 s.

Stafisagria, la livre estimée à deux sols, qui seroit pour le droit de chacun cent pesant huit sols, cy 8 s.

Semen cartami, la livre estimée à un sol six deniers, qui seroit pour le droit de chacun cent pesant six sols, cy . . . . 6 s.

Sarse pareille, la livre estimée à sept sols, qui seroit pour le droit de chacun cent pesant trente sols, cy 1 l. 10 s.

Sangdarrac, la livre estimée à deux sols six den. qui seroit pour le droit de chacun quintal dix sols, cy 10 s.

Semen dauci, la livre eſtimée à trois ſols, qui ſeroit pour le droit de chacun quintal douze ſols, cy.		12 ſ.
Sal de verre, le cent peſant, ci-devant taxé huit ſols, payera neuf ſols, cy		9 ſ.
Sangdarrac, le cent peſant, ci-devant taxé dix ſols, payera ſeize ſols, cy		16 ſ.
Sandal, le cent peſant, ci-devant taxé vingt-quatre ſols, payera leſdits vingt-quatre ſols, cy . .	1 l.	4 ſ.
Sandal blanc, le cent peſant, ci-devant taxé vingt-quatre ſols, payera quarante ſols, cy	2 l.	
Sandal rouge, le cent peſant, ci devant taxé trente ſols, payera trente-deux ſols, cy	1 l.	12 ſ.
Sandal citrin, le cent peſant, ci-devant taxé cinquante ſols, payera quatre livres, cy	4 l.	
Saxaffa, le cent peſant, ci devant taxé neuf livres, payera leſdites neuf livres, cy	9 l.	
Scavisson de toutes ſortes, le cent peſant, ci-devant taxé trois livres, payera trois livres ſix ſols, cy.	3 l.	6 ſ.
Scenauth en paille, le cent peſant, voyez Fleur d'Eſquinaud.		
Scriticum caparis, voyez Ecorce de Capres.		
Semence de Sauge, le cent peſant, ci-devant taxé quatre ſols, payera huit ſols, cy		8 ſ.
Semence de venic, le cent peſant, ci-devant taxé trente ſols, payera leſdits trente ſols, cy . . .	1 l.	10 ſ.
Semoiac, le cent peſant, ci-devant taxé quatre ſols, payera cinq ſols, cy		5 ſ.
Sené grec, le cent peſant, ci-devant taxé un ſol, payera ſix ſols, cy		6 ſ.
Siperi, le cent peſant, ci-devant taxé quatre ſols, payera cinq ſols, cy		5 ſ.
Sperma cœti, le cent peſant, voyez Nature de Baleine.		

Spica femence, le cent pesant, ci-devant taxé vingt-quatre sols, payera vingt-huit sols, cy . . . . 1 l. 8 f.

Suginancy, le cent pesant, ci-devant taxé seize sols, payera dix-huit sols, cy . . . . 18 f.

Sticades citrin, le cent pesant, ci-devant taxé huit sols, payera vingt sols, cy . . . . 1 l.

Sticades, le cent pesant, ci-devant taxé seize sols, payera vingt sols, cy . . . . 1 l.

Sticas arabic, le cent pesant, ci-devant taxé vingt-quatre sols, payera vingt-huit sols, cy . . . . 1 l. 8 f.

Stivos, le cent pesant, ci-devant taxé quatre livres, payera quatre livres dix sols, cy . . . . . . 4 l. 10 f.

Storax rouge, le cent pesant, ci-devant taxé quarante sols, payera quarante-huit sols, cy . . . 2 l. 8 f.

Storcade arabus, le cent pesant, ci-devant taxé vingt-quatre sols, payera vingt-huit sols, cy . . 1 l. 8 f.

Storcas citrin, le cent pesant, ci-devant taxé seize sols, payera dix-huit sols, cy . . . . 18 f.

Suc ou Esquille de Grun, la livre estimée à trois sols, qui seroit pour le droit de chacun cent pesant douze sols, cy . . . . 12 f.

Sendre verte, la livre estimée à quinze sols, qui qui seroit pour le droit de chacun cent pesant trois livres, payera lesdites trois livres, cy . . 3 l.

T.

TERRA merita, la livre estimée à trois sols, qui seroit pour le droit de chacun quintal douze sols, payera lesdits douze sols, cy . . . 12 f.

Tamarins, la livre estimée à sept sols six deniers, qui seroit pour le droit de chacun quintal trente sols, cy . . . . 1 l. 10 f.

Turbit, la livre eſtimée à dix livres, qui ſeroit pour le droit de chacun quintal quarante livres, cy . .	40 l.	
Terebenthine ou Bigeon de Veniſe, la livre eſtimée à ſept ſols ſix deniers, qui ſeroit pour le droit de chacun cent ou quintal trente ſols, cy	1 l.	10 ſ.
Terebenthine commune, la livre eſtimée à un ſol, qui ſeroit pour le droit de chacun cent peſant quatre ſols, cy		4 ſ.
Talc, la livre eſtimée à vingt ſols, qui ſeroit pour le droit de chacun quintal ou cent peſant quatre livres, payera leſdites quatre livres, cy	4 l.	
Tutie, la livre eſtimée à douze ſols, qui ſeroit pour le droit de chacun cent peſant quarante-huit ſols, cy	2 l.	8 ſ.
Tourneſol en drapeau, mis en balle, la livre eſtimée ſix ſols, qui ſeroit pour le droit de chacun quintal vingt-quatre ſols, cy	1 l.	4 ſ.
Taberch, le cent peſant, ci-devant taxé quatre livres, payera leſdites quatre livres, cy	4 l.	
Terre de Moular, le baril, ci-devant taxé huit deniers, payera un ſol, cy		1 ſ.
Terre rouge, le cent peſant, ci-devant taxé un ſol, payera deux ſols, cy		2 ſ.
Tercq, le baril, ci-devant taxé quatre ſols, payera cinq ſols, cy		5 ſ.
Tiercelin, la piece, ci-devant taxée cinq ſols, payera ſix ſols, cy		6 ſ.
Tartre blanc, la livre eſtimée ſix ſols, qui ſeroit pour le droit de chacun cent peſant vingt-quatre ſols, cy	1 l.	4 ſ.
Terre d'ombre, la livre eſtimée un ſol ſix deniers, qui ſeroit pour le droit de chacun cent peſant ſix		

ſols, payera leſdits ſix ſols, cy . . . . 6 ſ.

Tabac de toutes ſortes, payera pour chacun cent peſant quarante ſols, cy . . . . 2 l.

V.

VITRIOL verd ou Couperoſe, la livre eſtimée à deux ſols ſix deniers, qui ſeroit pour le droit de chacun cent peſant dix ſols, cy . . . . . . 10 ſ.

Vitriol blanc ou Couperoſe, la livre eſtimée à un ſol ſix deniers, qui ſeroit pour le droit de chacun quintal ſix ſols, cy . . . . 6 ſ.

Vermillon, la livre eſtimée à dix ſols, qui ſeroit pour le droit de chacun quintal quarante ſols, cy 2 l.

Verd de gris, autrement Verdet, la livre eſtimée à quatre ſols, qui ſeroit pour le droit de chacun quintal ſeize ſols, cy . . . . 16 ſ.

Vif-argent, la livre eſtimée à huit ſols, qui ſeroit pour le droit de chacun quintal trente-deux ſols, cy . . . . 1 l. 12 ſ.

Vernis à peindre, la livre eſtimée à vingt cinq ſols, qui ſeroit pour le droit de chacun quintal cinq livres, cy . . . . 5 l.

Usblat, autrement Colle de poiſſon, la livre eſtimée à quatre ſols, qui ſeroit pour le droit de chacun quintal ſeize ſols, cy . . . . 16 ſ.

Verd de veſſie, le cent peſant, ci-devant taxé trente ſols, payera trente-ſix ſols, cy . . . . 1 l. 16 ſ.

Verd de lierre, le cent peſant, ci-devant taxé trente-cinq ſols, payera trente-ſix ſols, cy . . . . . 1 l. 16 ſ.

Usblat, autrement Colle de poiſſon, ci-devant taxé ſeize ſols, payera dix-huit ſols, cy . . . . 18 ſ.

Weſtum, le cent peſant, ci-devant taxé vingt ſols; payera quarante-trois ſols, cy . . . . 2 l. 3 ſ.

Vitriol ou Couperoſe romain, le cent peſant, ci-devant taxé à dix ſols, payera trois livres dix ſols, cy . . . . 3 l. 10 ſ.

Verd diſtillé, le cent peſant payera douze livres, cy 12 l.

Z.

ZEDOUARD, la livre, voyez Citoüart.

ENtend SA MAJESTE' que toutes autres ſortes d'Epiceries & Drogueries, qui ne ſont ci-deſſus ſpecifiées, ſoient eſtimées & apreciées par ſes Officiers, ſelon qu'il eſt porté par ſeſd. Ordonnances.

www.ingramcontent.com/pod-product-compliance
Ingram Content Group UK Ltd.
Pitfield, Milton Keynes, MK11 3LW, UK
UKHW020332180726
13839UKWH00002B/680

9 782329 460918